DE LA DERNIÈRE CHAMBRE

ET

DES ÉLECTIONS.

Imprimerie de **Marie ESCUDIER**,
rue Saint-Rome, n° 26.

DE LA DERNIÈRE CHAMBRE

ET

DES ÉLECTIONS,

OU

PAROLES D'UN ÉLECTEUR

A SES VOISINS, AU MOMENT DU DÉPART POUR ALLER VOTER.

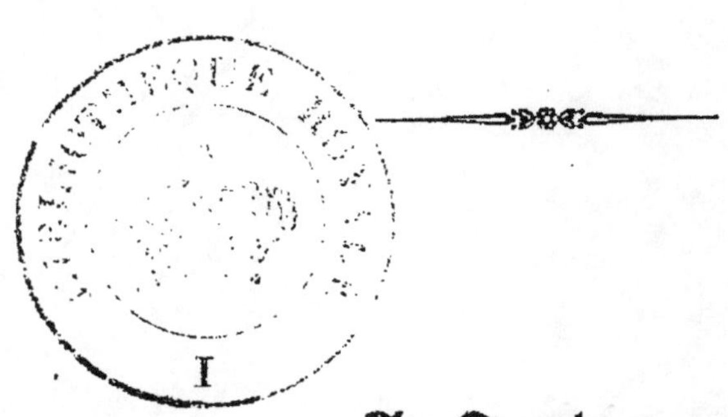

A Toulouse,

CHEZ MARIE ESCUDIER, LIBRAIRE,

RUE ST-ROME, N° 26.

—

1834.

DE LA DERNIÈRE CHAMBRE

ET

DES ÉLECTIONS.

Il n'y aurait pas d'escamoteurs,
s'il n'y avait pas de compères.

Tout n'a pas été dit pour nous, Messieurs, sur ces élections et sur la chambre dissoute. Dans nos campagnes, nous ne savons guère que ce que nos journaux et les professions de foi nous en ont appris. Or, de toutes ces circulaires, moins une ou deux en France, il ne résulte guère qu'une chose, c'est que les amis des candidats ont fait beaucoup d'instances à ces Messieurs pour les engager à se mettre sur les rangs. En les prenant au mot, ce qui est chanceux, je vous en préviens, il s'ensuivrait qu'ils ont beaucoup d'amis, nos aspirans députés, ce qui déjà prouverait en leur faveur; mais de là à pouvoir conclure qu'ils seraient les députés de leur département, ni même des amis qui les pressent tant de se faire élire, il y a loin sans doute, et si j'étais à la place de ces amis, je ne m'y fierais pas;

car il est des choses qu'un député, comme ils ne sont pas rares, met au-dessus de l'amitié même, et ce quelque chose, ce n'est pas le département ni le pays, aucun ne l'ignore.

Quant aux journaux qui prétendent que cette chambre a bien mérité de la patrie, on les soupçonne un peu d'avoir leurs raisons pour en dire tant de bien; et au fait, donner de tels éloges à des législateurs, pour avoir fait une guerre ouverte à l'Association, dans un temps où chacun sent le besoin de l'Association, pour avoir approuvé les tribunaux exceptionnels, voté des budgets monstrueux et sacrifié tous les scrupules au pouvoir; cela ne se peut guère à moins d'être... payé. Les honneurs publics ne sont dûs qu'à des hommes d'une probité politique reconnue, et d'un désintéressement éprouvé. Or, la *probité politique et le désintéressement sont choses assez rares, par le temps qui court,* s'il faut en croire certain journal, qui n'en est pas moins admirateur de la dernière chambre.

Il m'en coûte peu cette fois de me ranger de l'avis du journaliste; mais, si par un grand effort j'espérais en même temps des lois votées tout le bien qu'il en attend; si comme lui je pouvais admettre que, par un de ces hasards heureux auquel fit nécessairement allusion un ministre, en disant que *Dieu mène la France,* nos députés ont fait les affaires du pays, tout en fesant les leurs, je n'en serais pas moins d'avis qu'il ne faut point renouveler le mandat à la plupart.

Toutes les fois qu'une mission permet de beaux rêves à l'égoïsme et n'est pas sans quelque danger, attendez-vous à la voir recherchée par les hommes les plus capables de faire la honte d'une nation.

En de telles conjonctures, ceux qu'on nomme prudens se tiennent à l'écart, ceux qui n'ont qu'une ambition modeste veulent voir venir ; mais des solliciteurs que la voracité enhardit, se présentent par bandes , et c'est beaucoup alors si quelques orateurs intègres viennent, au milieu de vociférations gagées , plaider inutilement pour d'autres intérêts que les leurs. Il n'en a pas été autrement après juillet. Aussi la législature dissoute est-elle autrement jugée par la nation que par elle-même. Elle a eu beau se déclarer improstituée ; l'opinion n'a point confirmé son arrêt. Elle passe, peut-être à tort, pour n'avoir guère produit que des votes funestes, des lois de rigueurs, des budgets effrayans., une liste civile à faire ouvrir bien des yeux sur le compte de qui n'a pas craint de l'accepter,. des adresses serviles et des formules basses ; plus , une étiquette, qui de temps en temps nous vaut d'apprendre qu'un citoyen-fonctionnaire rétribué, (celui qui jadis savait dire que la royauté n'était plus une sinécure , mais *une présidence*), après avoir entendu sa messe, a bien daigné honorer d'un regard le chef-d'œuvre de tels ou tels de *ses sujets ,* et que son auguste fille a manqué d'être........ devinez quoi ?

Aussi dites-moi qui a pu demander une réduction dans cette chambre sans faire gronder les centres, ou faire une proposition honnête sans exciter des clameurs, sans passer pour un novateur dangereux. Entre leurs approbateurs *quand-même ,* leurs dignes séides, et les anarchistes de profession; nos excellences ont-elles jamais voulu voir de milieu? Est-il seulement permis de leur prouver qu'on sait tirer un compte ? Dans leurs journaux comme dans la chambre , M. Bastide-d'Izard est un homme à craindre , et M. Amilhau un grand citoyen.

Jamais législateurs n'ont montré plus de précipitation, plus de légèreté, plus d'insouciance à faire peser un fardeau aussi lourd sur des contribuables aussi harassés. Ils ont voté des millions par heure, et n'ont pas donné quelques minutes aux pétitions les plus capables de les éclairer. Quel sera le prix d'un mandat ainsi rempli? ils ne l'attendent point de la part du pays, soyez-en sûrs; l'opinion publique ne les paiera pas même en charivaris, comme ils l'avaient craint. Le charivari politique n'est plus de mode, car l'indignation ne siffle point.

Quelques-uns des ex-députés, il est vrai, ont dit pour excuse à leurs électeurs qu'ils ont dû agir comme ils ont agi, qu'il ne dépendait point d'eux de ne point voter comme ils ont voté, et ce n'est pas moi qui leur reprocherai d'avoir abusé de leur libre arbitre, puisque je soutiens qu'ils n'étaient point libres. Leur rôle leur était tracé d'avance, ils n'ont eu guère qu'à le remplir; mais il est juste au moins de leur attribuer une sorte de courage, celui d'avoir suivi tous à la file, les yeux baissés, et de s'être mis au-dessus de tout respect humain, de toute pudeur. Jamais majorité plus dévouée à des maîtres; jamais plus de soumission, plus d'ensemble. Ils manœuvraient tous d'accord, les représentans de la France, comme sous l'effet d'un charme; ou s'il est arrivé parfois à quelques-uns de faire preuve de spontanéité, de prendre une avance sur les autres, ça été pour faire, en vrais compères, quelque démarche de courtisanerie, pour féliciter le pouvoir de dangers qu'il n'avait pas courus, ou de triomphes remportés au prix du sang, afin de le mieux plonger dans cette politique marécageuse qu'il paie déjà d'une impopularité toujours croissante. — Et la popularité, qu'un pacha recherche dans les pays de pur despotisme , ils auraient assez mauvaise grâce à dire qu'ils la dédaignent , chez une nation éclairée et libre , ou prétendant l'être , ceux qu'on a vu lui tendre humblement la main.

Etait-ce là , messieurs , une représentation digne de la France ; une représentation qui pût se dire nationale ? Étrangers, ne le croyez pas , que nous méritions un tel affront. Malheureux enfans de l'Italie et de la Pologne, veuillez bien ne pas nous croire un peuple de solliciteurs et de courtisans. Il est en France d'autres passions que la cupidité et l'égoïsme , d'autres intérêts que ceux des fonctionnaires et des familiers du château. Tôt ou tard, les passions basses et avides devront céder à des sentimens plus nobles ; tôt ou tard, les intérêts nationaux seront représentés : attendez jusque-là pour juger la France.

Vous pourriez long-temps attendre, il est vrai , s'il ne tenait qu'à nos ministres ; car depuis long-temps ils ont pris leurs mesures pour s'assurer des mêmes hommes par tous les moyens qui sont en eux ; et vous pensez combien ils en ont de puissans, non compris les oraisons de quarante heures qu'ils font solliciter, et les recommandations au prône; combien ils peuvent obtenir sur cette minime portion de la France, seule ayant voix en chapitre, qui comprend et les fonctionnaires et tous ceux qui le veulent être.

Faudrait-il, messieurs, s'il dépendait de nous, conserver au pouvoir les hommes qu'il désire ? Vous dites *non !* et vous dites bien.

Des fonctions qui prennent beaucoup de temps, entraînent des dépenses et ne promettent nul profit honnête, veulent des hommes supérieurs aux convoitises de l'égoïsme, s'il est vrai qu'il ne faille rien abandonner au hasard de ce que l'on peut régler par sa prudence. Or, tout ce que les députés ministériels ont fait, mauvais ou bon, l'égoïsme a pu le leur inspirer tout aussi bien que l'amour du pays. Comme privilégiés, se trouvant le moins souffrir dans l'ordre actuel et ne pouvant que perdre au changement, il leur importait fort de se montrer hostiles à toute réforme ; comme fonctionnaires salariés du pouvoir ou aspirant à le devenir, ils avaient le plus visible intérêt à ne pas voter autrement que leurs maîtres. De là, le peu d'estime que leur accordent les personnes mêmes qui tiennent leurs votes pour salutaires et qui admettent la nécessité de subir de tels hommes ; de là aussi l'impopularité qui les poursuit. Elle ne saurait autrement s'expliquer. Les peuples ne dévouent point à la haine l'homme public pour le seul passe-temps de haïr ; ils ne sont pas assez avares d'admiration pour la refuser à qui en est digne ; on peut même croire que leurs affections ne varient point par leur faute aussi souvent qu'on le suppose : jamais l'estime publique n'a manqué aux Lafayette ni aux Wasington ; mais, pour être une preuve de la constance d'un peuple, il faut soi-même être constant, ne pas se montrer aujourd'hui différent de ce ce qu'on était hier, ne pas sauter également pour tout le monde : de plus, il faut servir l'Etat pour le seul plaisir qu'on y trouve ; car l'expérience des nations leur a montré que la probité n'est pas moins extraordinaire chez les avares, que l'indépendance chez les salariés : les uns, quand ils disent : c'est pour vous au moins qu'on se dévoue ; on veut votre bien à tous, on s'impose pour vous les plus grands sacrifices, font qu'aussitôt chacun craint pour ses poches ; les autres, pour peu qu'ils soient amovibles, passent pour les complaisans des premiers, toujours votant pour eux, disant toujours comme eux, si par hasard ils disent quelque chose : c'est pourquoi la nation, non pas celle des *honnêtes gens,* la nation payée, mais la nation payante trouve beaucoup trop d'égoïstes et d'avares parmi ceux qui s'avisent de lui vouloir du bien ; trop de salariés, trop d'amovibles, même aussi trop..... d'inamovibles.

J'entends répéter parmi vous qu'il faut d'autres représentans à la France ; des députés désintéressés et indépendans, tout au moins des ames honnêtes. — Ce serait une heureuse innovation, sans doute, que des législateurs dont on n'aurait pas à suspecter la fermeté ni la probité ; mais au temps qui s'approche, je ne crois pas que ce fût assez. Les bonnes intentions peuvent suffire dans les cas ordinaires, lorsqu'il s'agit de trancher des questions à la portée des plus communes intelligences, souvent reproduites, par conséquent déjà jugées ; mais des jours difficiles peuvent venir, et des ministres aveuglés ou serviles présenter des lois capables d'aggraver le mal, sur des questions plus importantes que bien senties ; et alors ne faudrait-il pas des hommes clairvoyans et fermes, pour nous débarrasser de tels ministres, et nous préserver de leurs lois ? Et si les efforts ministériels prévalaient, et que bientôt les suites en fussent terribles, ne faudrait-il pas des hommes devant qui l'on ne pût encore tirer avantage de déplorables événemens qu'on aurait causés ?..... Allons plus loin : supposons des ministres dévoués au pays, mais des circonstances telles, qu'il fallût absolument céder quelque chose aux progrès, et céder sans retard sous peine de tout perdre.—Qui appellerait alors des concessions, dans une assemblée sans orateurs capables de parler avec autorité et avec force ? Il faudrait tout attendre du pouvoir, et les gouvernans jusqu'ici n'ont pris le devant que pour enrayer. Maintenir leur est plus naturel qu'innover, et il leur en coûte bien davantage de céder que de tenir. Ce n'est pas seulement parce qu'ils vivent d'abus, c'est parce qu'ils voient mal, voyant de trop haut, et que la responsabilité des subalternes réagissant sur eux les rend défians et craintifs, destinés qu'ils sont à être dupes de leurs valets, de leurs journaux, de leurs femmes peut-être, et sans cesse obsédés par une telle presse de solliciteurs que je les trouve à plaindre. Je ne m'étonne pas que C. Périer en soit mort fou. Ceux-ci pourront bien finir par en perdre la tête, s'ils ne prennent à l'avenir le parti de désobstruer un peu les antichambres, en livrant pétitions et pétitionnaires au *Moniteur*. Leurs médecins devraient bien leur donner ce conseil, au moins par pitié.

Depuis long-temps on l'a dit, le pouvoir change les hommes. Observez-les tous, vous verrez qu'une fois arrivés là, les plus progressifs deviennent rétrogrades, à une ou deux exceptions près, dont *le plus honnéte homme* de pouvoir n'a pu s'arranger : Lafitte et Dupont de l'Eure vous le diraient. Aussi jamais pouvoir n'a pu bien marcher sans conseillers, dans aucun temps, pas même Bonaparte que la monomanie de despotisme conduisit où vous savez ; et chacun n'est pas Bonaparte pour savoir singer sa confiance en soi. Aussi, dans les époques difficiles comme celle où nous touchons, la complaisance des uns perd bientôt les rois, et la bonne volonté des autres ne peut suffire aux peuples. Il faut alors, non-seulement des députés indépendans et dévoués, mais aussi des organes puissans, faits pour imposer aux vociférateurs par leur caractère, et pour commander l'attention par leur talent. Or, la plupart des ex-députés sont-ils seulement des hommes probes, dans l'acception politique du mot? Quand bien même nous ne tiendrions pas par écrit leurs belles circulaires, par lesquelles ils se sont joués de leurs électeurs, nous croirions le doute permis après une révolution qui a tant valu et tant promis à toutes les basses convoitises.

En attendant, on rompt, par des avis aux Préfets, cette neutralité que la pudeur, en pareil cas, devrait imposer à tout ministre, et principalement à ceux dont les opinions sur cette matière étaient si décidées avant juillet et plus récemment encore. Ce gouvernement si fier, comme il le répète, d'être né du vœu national, prétend faire à lui seul les élections. Il envoie des émissaires, à la veille d'assembler les colléges, afin de travailler les subordonnés dont il n'est pas aussi sûr que de lui; usant de menaces auprès des plus craintifs, et de promesses auprès des plus avides; prescrivant, dans nos campagnes, à ses fonctionnaires les plus minces de se mettre en quête de suffrages. — Nous ne l'ignorons pas, Messieurs, nous qui avons vu ces racoleurs électoraux nous assaillir en diligence, comme si ce n'eût pas été assez de subir certains candidats en personne. Dans la même semaine, il nous a fallu essuyer deux prétendans et dix salariés. D'un côté, ceux-ci nous menaçaient de l'anarchie, nous gens de village, si nous ne votions pour *d'honnêtes gens* ; de l'autre, M. Chalret, puis un banquier hupé, après nous avoir successivement montré à nu leur conscience parlementaire, nous offraient leurs services à Paris, et se proposaient pour les emplettes de nos femmes, procédé bien plus galant, il est vrai, que *la terreur* des autres. Aussi, plus d'une épouse a-t-elle penché pour ces messieurs. La mienne, j'en conviens, s'intéressait pour ce pauvre Sans, si suppliant, si essouflé de sa tournée, d'autant plus que, s'il n'était point élu, on dit qu'il en serait malade. Il faut bien espérer qu'il n'en mourra pas : M. Chalret s'en est bien consolé une fois au moins.

Voilà, Messieurs, les hommes qui plairaient aux ministres. Ce ne sont pas des conseillers capables qu'ils demandent, mais des ergoteurs toujours prêts à parler pour eux, ou des comparses bouche béante; ils n'ont pas besoin de contradicteurs qui les éclairent, mais simplement de voteurs, très-honorés d'être leurs ombres, comme ils sont eux-mêmes l'ombre d'autrui. M. Thiers ne s'en cache pas; sa volonté, s'il l'en faut croire, ne serait que la juste expression d'une volonté auguste. Il l'a fait comprendre assez bien, un jour, dans un courageux élan d'enthousiasme pour cette politique à la Mamhoud, politique profonde, dont nous ne tarderions pas, dit-on, à ressentir les heureux effets, si nous savions être un peu confians. Car la confiance, Messieurs, et une confiance robuste, est ici nécessaire avant tout; et si vous pouviez écarter de la chambre toute éloquence interrogative, allant droit au fait, pour qui les comptes d'une excellence sont parfois des contes, leur machine à gouvernement en irait bien mieux. Le mécanisme en est si simple, qu'une fois en jeu il nous suffirait, à nous, d'alimenter les premiers moteurs sans nous en mêler. Laissons simplement réduire tout le système à une hautesse et un divan, nous verrons ensuite. Pour cela, écartons d'abord ces députés indiscrets qui voudraient à tout prix inspecter les ressorts, lesquels datent de loin et sont un peu gâtés, il faut en convenir; contribuons surtout à bannir de la chambre ces calculateurs gênans, toujours empressés de tout supporter, demandant toujours sans politesse : combien ceci, combien cela, où est passé l'argent voté, et ce qu'on veut faire de celui qu'on demande. Car le pouvoir, Messieurs, a besoin de confiance : lui-même voit un peu trouble dans ses regis- tres, et si les comptes d'un marchand ne se présentaient un peu mieux que les siens, les créanciers biéntôt croiraient devoir prendre leurs mesures avec lui.

Le trésor doit avoir ses secrets après tout. Une fois, de- puis juillet, on a voulu les pénétrer, et vous savez ce qu'il en fut : on trouva un voleur et plusieurs déficits. Que n'eût- on pas pu trouver si M. Kessner ne se fût enfui, grâce à ses amis; s'il eût fallu l'interroger en forme sur l'emploi de nos millions et sur ses compères?.... Messieurs, le pouvoir a besoin de confiance.

Ainsi peut se résumer l'opinion de beaucoup d'apologis- tes de la chambre; et ces gens-là sont conséquens : pour jouer en forme une pièce, il faut être plus d'un. Il n'y aurait pas d'escamotage possible, s'il n'y avait pas de com- pères : donnez des compères à ces Messieurs.

Quelques-uns vont plus loin, qui prétendent, mais en confidence, qu'elle n'était pas suffisamment ministérielle, leur chambre, ajoutant que *ce peuple* a besoin d'être contenu par une main de fer, et que le calme ne peut venir à la France que d'une royauté dictatoriale. Vous l'auriez déjà la dictature, disent-ils, si la modération naturelle au prince ne l'avait détourné de ce moyen : des lettres ont été adres- sées à Louis-Philippe pour l'engager à se poser maître ab- solu; il a même été fait dans Paris des affiches (provenant, on sait bien d'où), pour l'engager à trancher du Bona- parte, et le mot *dictateur* s'y trouvait. — La dictature, sé- rieusement ! Seriez-vous de cette opinion, Messieurs? Croi- riez-vous à la mission d'un despotisme en chapeau blanc, après avoir vu le despotisme du génie perdre son auteur, et amener la France à n'être point affligée d'en finir avec lui, dût-il lui en coûter sa gloire ? Vous à qui l'on répète avec raison que vous allez exercer une mission grave, et qui ne touche point à vous seuls, puisqu'en effet vous n'êtes en tout que quelques mille choisis sur des millions pour donner des représentans à la France, iriez-vous élire des hommes faits pour contribuer à établir le pouvoir d'un seul, ce pouvoir qui n'aurait point aujourd'hui d'expressions pour le peindre ? Messieurs, je ne vous ferai point l'injure de le croire.

Nous y touchons à ce pouvoir ; envain voudrait-on le dissimuler : parler d'ordre légal, après les tribunaux exceptionnels, les confiscations de journaux, les détentions préventives, la captivité et le non-jugement de la duchesse de Berri, c'est tout bonnement une dérision, un avant-goût de ce qu'il nous faudrait voir, si l'on osait..... Il n'y a eu de légal que les mots dans la conduite du pouvoir ; les actes sont de l'arbitraire tout pur ; les actes semblent faire dire à certaines bouches : point de conseils ni de vœux, point de plaintes surtout : nous savons mieux qu'eux, ce dont ont besoin les gens qui souffrent..... la nation, c'est nous seuls. Nous sommes tout le monde ; par conséquent, tout le monde est à nous ; et si le député fonctionnaire s'avise d'avoir une opinion, nous le destituerons ; si le militaire a la hardiesse d'être au nombre des souscripteurs pour un projet de défense sur la frontière, vite aux arrêts, et qu'il se rétracte. — Agir ainsi, ce serait régner peut-être à Constantinople ; mais en France, c'est du despotisme.

On agit à peu près ainsi depuis trois ans, et cependant la France n'espère rien de bon de la volonté d'un seul homme. Elle n'a pas assez peu de raison ni d'expérience pour ignorer qu'un jugement isolé, fût-il naturellement droit et honnête, s'il n'est quelquefois redressé par des conseillers sincères, doit souvent s'égarer au milieu d'un entourage d'esprits, faux ou frivoles, manquant d'élévation sinon d'instruction, ambitieux, préoccupés, hypocrites; elle sait que, pour bien juger du bien-être d'un pays, il faut l'avoir parcouru autrement qu'en poste, à travers des haies de belles gardes nationales; et qu'une nation n'est point comprise tout entière dans un étroit espace de quelques lieues, entre la Bourse et Neuilly : toutes choses qu'un prince comme les autres ne sait point, et qu'il est bon toutefois qu'il sache pour régner dignement aujourd'hui.

Qui donc pourrait apprendre ces choses au chef *de notre choix?* Serait-ce le vicomte Montalivet, en l'entretenant de liste civile, ou M. Athalin, en lui parlant russe? Serait-ce des ministres qu'il fait et défait, et qui ne sont fiers de rien tant que de n'avoir pas de marche à eux, de suivre en toutes choses les ordres augustes, comme ils disent? Mais il est d'importantes vérités qu'ils ignorent eux-mêmes, et qui cependant sautent aux yeux? Demandez-leur quelle est en France la classe la plus à plaindre : ils s'inquiéteront peu du propriétaire laboureur, à qui les récoltes, malgré sa peine, produisent moitié moins que ne fait l'argent à l'insoucieux rentier; peu aussi du propriétaire de vignobles à qui ses fruits donnent aussi peu qu'ils valent beaucoup à l'Etat; peu encore de l'industriel actif, que leur système tend à ruiner; peu surtout de l'artisan épuisé de travail et de privations, le plus infortuné de tous : car la classe la plus à plaindre, selon eux, est celle des fonctionnaires, non pas ceux qu'on tient sous sa main, que l'on destitue sur des dénonciations anonymes, dont on compromet l'avenir par un caprice ; mais les fonctionnaires du haut étage, assez largement rétribués pour s'enrichir d'un premier coup, pauvres victimes dont on méconnaît les intentions, et qu'on ne veut point comprendre.... Voilà les hommes les plus à plaindre, aux yeux de nos bons ministres, c'est sur ceux-là qu'ils s'attendrissent.

Cependant, il est une classe par qui toutes les autres sont nourries et fournies de tout , la plus intéressante. par conséquent, la plus nombreuse, la plus pauvre, celle qui consomme le moins et produit le plus, dont la misère effraie quiconque sait où le malheur pourrait la pousser ; et ses douleurs attristent tous ceux qui ont une ame. Mais le pouvoir ne paraît songer, à elle, qu'aux jours du péril, lorsque les cris du désespoir et de la faim le viennent surprendre ; alors il a recours à ce qu'il a de plus respectable, les pétards incendiaires et le canon.—Puis il se rendort.—Et si par hasard un de ses journaux daigne se rappeler qu'il existe autre chose au monde que des fonctionnaires ; que des millions de Français, pour qui la vie matérielle est un fardeau, et que la loi déshérite de tous droits de cité, supportent bien impatiemment leur sort, c'est pour leur apprendre qu'il ne tiendrait qu'à eux de s'enrichir ; et qu'ils doivent attribuer leur ilotisme et leur dénûment à eux seuls... Il leur suffirait pour se voir un jour dans l'aisance, et n'être plus les parias d'une politique perfectionnée, de se priver un peu du superflu , de faire des épargnes qu'ils verraient s'augmenter chaque jour d'épargnes nouvelles et de revenus nouveaux. — Des épargnes ! telle est donc la recette des organes du pouvoir. Des épargnes, lorsqu'on est dénué de tout ! mettre de côté du superflu, sans y toucher jamais, lorsqu'on n'a pas même le nécessaire en travaillant et qu'on n'est pas toujours sûr de travailler !.... Le conseil serait plaisant, si le sujet était moins grave. Ne craignent-ils pas, ceux qui répondent ainsi aux plus justes plaintes, que leurs paroles ne soient prises pour une amère dérision ? qu'ils y prennent garde, car la colère des infortunes que l'on insulte est une colère terrible, et les mauvais railleurs n'auraient rien à lui opposer.

Ils ont des lois sévères, il est vrai, et leurs ordres sont sans pitié ; mais une législation n'a de force qu'autant que les ames honnêtes sont pour elle, et plus d'un homme consciencieux, intelligent, influent, proteste chaque jour contre leurs lois ; une législation n'a de durée qu'autant qu'elle est l'expression des besoins et des relations d'un peuple ; qu'elle se lie à son génie, ses habitudes, ses croyances, ses mœurs : et leurs lois n'ont en leur faveur, ni les goûts, ni la religion, ni la justice du siècle ; ces lois de sang ne tiennent qu'à la pointe du glaive ou dans le cœur de ceux qu'engraissent les douleurs du pauvre. — Elles ont la force aveugle pour elles, et la servilité de quelques sbires ; mais le tranchant de l'obéissance passive n'est pas toujours en des mains sans pitié : ces Français à qui l'on impose le plus cruel des devoirs, si c'est un devoir, ils sont peuple aussi ; fils du laboureur et de l'artisan, pauvres comme eux, ils peuvent avoir des entrailles pour des frères..... Prenez garde que le sabre inexorable, votre unique appui, ne s'émousse enfin dans leurs mains...... Et qu'opposer alors à la puissante indignation d'une classe auprès de laquelle vous n'êtes rien ? Comment éviter alors sa terrible fureur ? Que pourrait-il donc faire pour lui-même et pour nous, si la force brutale venait tout-à--coup à lui manquer, ce pouvoir qui déjà n'impose que par elle ?

Electeurs, le pouvoir auquel nous sommes appelés à nom-
mer des conseillers, prépare de grands maux à la France. Il
se trompe, il faut le croire, car nul ne veut sciemment sa
perte..... A vous de l'entourer d'hommes capables de lui
faire entendre, si le salut commun l'exige, jusqu'aux vérités
qu'il peut détester.

Aux Aubinels, le 9 juin 1834.

Pour copie conforme :

Jules Pouillé,

Secrétaire, par occasion, d'une capacité de 200 fr.